40 LIEBES-PERLEN

CARIN REITERER   CARIN REITERER VERLAG

Bibliografische Information Der Deutschen Bibliothek

Die Deutsche Bibliothek verzeichnet diese Publikation
in der Deutschen Nationalbibliografie; detaillierte
bibliografische Daten sind im Internet über
http://dnb.ddb.de abrufbar.

Originalausgabe
Copyright ©2007 by Carin Reiterer
Umschlaggestaltung: Carin Reiterer
Satz: Carin Reiterer
Printed in Germany
ISBN 978-3-9811541-1-5
Herstellung: Books on Demand GmbH, Norderstedt

Vom ersten Moment an

Ich
habe
Dich
vom
ersten
Moment
an
geliebt
doch
ich
hatte
Angst
daß
es
mir
so
gehen
könnte
wie
es
mir
jetzt
geht

Mit uns

In einem
anderen Leben...

In einer
anderen Zeit...

In einer
anderen Welt...

Es hätte
schön
sein können

mit uns

So schön

Es muß schön sein
Dich zu lieben
wenn nichts
dagegen spricht
und
mein Herz nicht
daran zerbricht

Es muß schön sein
Dich zu küssen
wenn das
niemanden verletzt
einfach so
im
Hier und Jetzt

Es muß schön sein
Dich zu berühren
wenn das
niemandem weh tut
voller Vertrauen
und
mit ganzem Mut

Es muß schön sein
Dich zu lieben
wenn nichts
dagegen spricht
und
mein Herz nicht
an Dir zerbricht

Gehen oder bleiben

Gehen
oder
bleiben

Irgendwann
mußt
Du
Dich
entscheiden

Schatten und Licht

Bleib
doch
hier
und
geh
noch
nicht
und
tritt
nun
aus
Deinem
Schatten
in
mein
Licht

Bei mir

Geh
jetzt
doch
ich
weiß
Du
wirst
wiederkommen
denn
irgendwann
bleibst
Du
für
immer
hier

bei
mir

Geh
nicht
mehr
fort
bleib
doch
bei
mir
heute
und
für
immer

Mein gefühlter Mann

So
einen
Mann
wollte
ICH
eigentlich
haben

Ein Mann wie Du

Ich
will
einen
Mann
wie
Dich
und
am
liebsten
Dich
selbst

Was sein könnte

Manchmal
muß
es
reichen
zu
wissen
was
sein
könnte

Glücklich mit Dir

Ich
könnte
glücklich
sein
mit
Dir

Über alles

Ich
glaube
ich
könnte
Dich
über
alles
lieben

Von ganzem Herzen

Ich
kann
in
meinem
Leben
nur
Dich
von
ganzem
Herzen
lieben

Ganz oder gar nicht

Ich
werde
Dich
lieben

mein

ganzes
Leben
lang

mit

meinem

ganzen

Herzen

ganz
oder

gar
nicht

Lebenslänglich

Ich
liebe
Dich

ein
Leben
lang

Dein
Leben
lang

mein
Leben
lang

Nur ein Augenblick

Ein
Blick
in
Deine
Augen
und
Unmögliches
wird
möglich

Noch
ein
Blick
in
Deine
Augen
und
alles
Mögliche
wird
unmöglich

Können und dürfen

Es
darf
nicht
sein
also
kann
es
nicht
sein

Künstlich

Man
darf
nicht
alles
künstlich
erschweren
wie
lange
willst
Du
Dich
noch
wehren

Richtig oder nicht

Ich
weiß
nicht
ob
es
richtig
ist
ich
weiß
nur
eins
ich
liebe
Dich

Wenn Du das willst

Ich
würde
alles
für
Dich
tun
ich
würde
Dich
sogar
gehenlassen
wenn
Du
das
willst

Mein Leben lang

Ich
werde
Dich
mein
Leben
lang
vermissen
mein
Leben
lang
nicht
vergessen

Mein Leben mit Dir

Ich
gebe
mein
Leben
mit
Dir
wieder
her
doch
es
fällt
mir
so
unglaublich
schwer

Für Dich allein

Was
habe
ich
Dir
noch
zu
schenken
und
was
habe
ich
Dir
noch
zu
geben
ich
gebe
Dir
alles
und
ich
schenke
Dir
mein
Leben

Nicht genug

Es
ist
nicht
genug
Dir
alles
zu
geben
ich
liebe
Dich
mehr
als
mein
eigenes
Leben

Derjenige welcher

Du
bist
derjenige
für
den
ich
alles
gebe
derjenige
für
den
ich
lebe

Ein und alles

Wie
soll
ich
denn
nur
leben
ohne
Dich?

Nur nicht

Wenn
Du
mich
nur
nicht
mögen
würdest...

Schrecklich

Wenn
ich
Dich
nur
richtig
schrecklich
finden
könnte...

Was zwischen uns ist

Was
zwischen
uns
ist
wird
niemand
erraten
denn
ich
werde
es
keinem
verraten

Der Grund

Du bist
der Grund
warum
ich
immer
alles
schwarzsehe

Du bist
der Grund
warum
ich
die Welt
nicht
verstehe

Du bist
der Grund
weil
Du eben
so bist
wie
Du bist

Du bist
der Grund
warum
ohne Dich
mein Leben
nicht lebenswert
ist

Nichts davon

Ich
glaubte
Dich
zu
lieben
doch
es
ist
nichts
davon
geblieben

Wieder lieben

Ich
werde
nichts
mehr
verschieben
ich
will
Dich
wieder
lieben

Liebeslied

Vor
lauter
Glück
weinen
Himmel
und
Erde
vereinen

Liebesleid

Was
vom
großen
Glück
geblieben
hat
die
Einsamkeit
vertrieben

WIR

Du
und
ich
ich
und
Du

WIR

ZWEI UND DOCH EINS

Sie
und
er
er
und
sie

ZWEI
UND
DOCH
EINS

SIE

Du
willst
nicht
daß
ich
wegen
Dir
leide
doch
ich
kann
Dir
gar
nicht
sagen
wie
sehr
ich
SIE
um
Dich
beneide

ER

Brennt
ER
wirklich
lichterloh
oder
tut
ER
nur
so

Für immer und ewig

Du
und
ein
Moment
der
für
immer
bleibt
ein
Augenblick
der
Ewigkeit